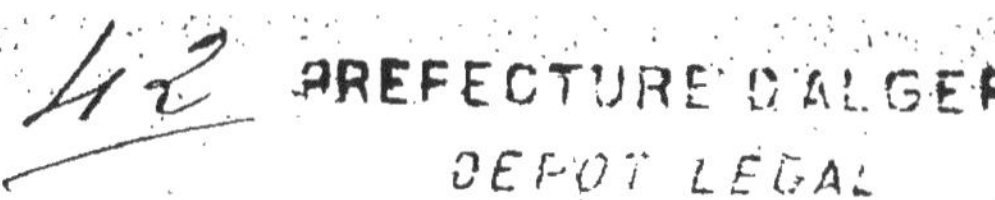

PRINCIPALES

CARACTÉRISTIQUES ÉCONOMIQUES

DE L'ALGÉRIE

ALGER

TYPOGRAPHIE ADOLPHE JOURDAN
IMPRIMEUR-LIBRAIRE-ÉDITEUR
4, PLACE DU GOUVERNEMENT, 4

1903

PRINCIPALES CARACTÉRISTIQUES ÉCONOMIQUES

DE L'ALGÉRIE

L'Algérie du Nord (départements et territoires divisionnaires) telle qu'elle est arrêtée dans les limites de la loi du 24 décembre 1902, qui correspondent à peu près à celles du territoire colonisable, s'étend sur 20 millions d'hectares et fait vivre 4 millions 1/2 d'habitants.

Elle représente donc en superficie les 2/5 de la France, et en population le huitième seulement.

Mais avec moins de plaines que celle-ci, avec une orographie plus abondante et plus compliquée, avec des régions médiocrement ou irrégulièrement arrosées, elle n'est pas aussi complètement exploitable que la Métropole, et malgré la richesse de certaines de ses parties, n'offre pas des possibilités économiques en proportion rigoureusement égales.

Les territoires du Sud (environ 80.000.000 d'hectares, plus d'une fois et demie la France ; 360.000 habitants, le centième de la population de la Métropole) sont, sauf les oasis, à peu près insusceptibles d'appropriation agricole ; ils sont en partie utilisables au point de vue pastoral, présentent quelques débouchés au point de vue commercial et offrent au point de vue minier des chances qu'une exploration méthodique pourra seule préciser.

L'Algérie est avant tout un pays de production agricole. **Algérie agricole**

Céréales. — Comme à l'époque de l'occupation romaine, elle constitue tout d'abord une importante productrice de céréales.

Les superficies cultivées en céréales se sont élevées, en 1901-1902, à 3.011.052 hectares qui ont produit 22.115.000 quintaux de grains.

Cette récolte, dont la valeur dépasse 300 millions de francs, paraît être la plus belle qui ait été faite dans le pays.

Les rendements moyens à l'hectare qui ne s'élèvent qu'à 7,32 pour les blés tendres et à 6,62 pour les blés durs, sont, on le voit, inférieurs aux rendements obtenus en France qui atteignent 14,26.

Cette infériorité tient à une double cause : elle doit être attribuée, d'une part, à l'insuffisance des procédés de culture des indigènes qui emploient, pour la plupart des instruments rudimentaires et ne font subir à leurs terres aucune préparation préalable ; elle est due, d'autre part, à la situation climatérique de l'Algérie où la répartition des pluies est le plus souvent inégale.

Cette double infériorité tend à diminuer :

1° Du fait de l'adoption de modes de culture mieux raisonnés, grâce auxquels les terres se reposent et qui permettent de remédier, au moins en partie, à l'insuffisance des pluies, en préparant le sol à l'absorption de l'eau. C'est ainsi que dans la région de Sidi-bel-Abbès notamment, où la moyenne annuelle des pluies est de 400 m/m, dans celle de Sétif et, peu à peu, dans l'Algérie entière, les colons pratiquent l'assolement biennal comprenant une année de culture des céréales, suivie d'une année de jachère cultivée pendant laquelle la terre reçoit plusieurs labours préparatoires ; elle est ainsi purgée des mauvaises herbes en même temps qu'elle s'enrichit de principes azotés.

Ce procédé a donné aux cultures européennes une régularité et une supériorité inconnues des cultures indigènes ; il a transformé certaines régions de colonisation, plateau de Sétif, plaine du Chéliff, où les sécheresses périodiques entraînaient la perte de trois récoltes sur cinq.

2° Du fait que les indigènes, suivant les conseils de l'administration et l'exemple des colons, commencent eux aussi à améliorer leurs procédés de culture et à utiliser des instruments agricoles perfectionnés : dans les arrondissements de Mascara, de Bel-Abbès et de Sétif, par exemple, les indigènes emploieront à peu près exclusivement, dans un avenir rapproché, des charrues perfectionnées ; dans l'arrondissement de Sétif seul, ils ne sont pas loin de posséder la moitié des charrues européennes. Tous les efforts de l'administration tendent à provoquer et à faciliter chez eux ce changement d'outillage.

Les indigènes ne produisaient que de l'orge et du blé dur ; les variétés déjà connues de ce dernier ont été améliorées, et on peut dire que l'Algérie produit aujourd'hui à Médéa, à Sétif, dans le Chélif, *les plus beaux blés semouliers du monde*. Nous y avons ajouté la culture du *blé tendre* et de l'avoine que les indigènes pratiquent aujourd'hui, comme nos colons, sur des superficies importantes.

Vigne. — La culture de la vigne est la plus importante et la plus connue des cultures européennes en Algérie. Son introduction dans la colonie a été la conséquence de la destruction du vignoble français par le phylloxéra, qui a entraîné l'émigration de capitaux considérables et celle de nombreuses familles de viticulteurs du midi de la France.

Le développement particulièrement remarquable qu'elle a atteint au cours de ces trente dernières années, constitue *le principal fait économique de cette période* : en 1871, l'Algérie ne comptait que 9,817 hectares de vigne produisant 84,500 hectolitres de vin ; dix ans après, en 1881, elle en avait 30,200 donnant 288,000 hectolitres ; en 1891, l'étendue des vignobles s'était accrue de 76,800 hectares et leur production de 3,770,400 hectolitres.

Actuellement, l'étendue des vignobles algériens dépasse 150,000 hectares dont la production s'est élevée à 5,634,829 hectolitres en 1900. Leur rendement a subi, il est vrai, une diminution sensible en 1902. Mais cette diminution doit être attribuée à des circonstances toutes accidentelles (gelées, sirocco, mildew) et au découragement que deux années de mévente avaient fait naître chez les viticulteurs.

Le déficit de la dernière campagne a d'ailleurs été heureusement compensé par un relèvement important des prix de vente auquel a du reste largement contribué l'excellente qualité des produits.

L'Algérie peut être considérée comme *un des pays d'élection de la vigne.* Elle offre à la fois des vignobles de plaine à grand rendement, dans la Mitidja, dans la région de Bône et dans la plaine des Issers par exemple, où la production atteint jusquà 200 hectolitres à l'hectare, et des vignes de coteaux (Miliana, Médéa, Mascara, Tlemcen) dont la moindre productivité est compensée par des qualités supérieures en couleur et en degré.

La culture de la vigne est, en Algérie comme en France, une culture coûteuse ; elle suppose des dépenses d'établissement et des frais annuels élevés : 2,000 à 5,000 francs, bâtiments et vaisselle comprise, pour les premiers ; 250 à 600 francs à l'hectare pour les seconds, sur lesquels on calcule que près de 200 francs vont à la main-d'œuvre indigène.

Mais c'est aussi une culture très rénumératrice. Les progrès tout récents de la vinification permettent aux viticulteurs algériens d'obtenir de bons produits, de plus en plus recherchés par le commerce.

Par comparaison avec la France, d'une part, les rendements moyens sont supérieurs, d'autre part, par suite de la moindre valeur des terres et des conditions plus avantageuses de main-d'œuvre, le prix de revient peut être considéré comme plus bas.

Le développement du vignoble pour lequel l'Algérie peut d'ailleurs offrir des terres en quantités très considérables, a été arrêté par deux années de mévente. Il paraît cependant appelé à continuer sa marche progressive. La viticulture algérienne a d'ailleurs reçu, en ces temps derniers, une orientation nouvelle qui tend à la production des vins de coupage, riches en alcool, en couleur et en extrait et des vins de liqueur de toutes catégories pour lesquels la France était jusqu'ici tributaire de l'étranger. En s'engageant dans cette voie, la colonie pourra étendre le champ de sa production vinicole sans entrer en concurrence plus accentuée avec la viticulture métropolitaine.

Arboriculture. — L'Arboriculture a déjà transformé et transformera certaines régions en apparence déshéritées de l'Algérie. Dans ce pays à pluies irrégulières, et à pentes fortes, le maintien et la multiplication des arbres a une importance de premier ordre : c'est d'ailleurs une sage mesure que de varier le plus possible les cultures.

Olivier. — Au premier rang des cultures arbustives pratiquées dans la colonie, il convient de citer celle de l'olivier qui a joué, dans l'histoire économique de l'Algérie ancienne, un rôle prépondérant ; ce rôle est aujourd'hui bien diminué, mais il ne semble pas impossible de le rétablir.

On compte en Algérie plus de 5 millions d'oliviers greffés et à peu près autant susceptibles d'être greffés.

La culture de l'olivier a reçu dans ces dernières années une vive et caractéristique impulsion : de 1899 à 1900, le nombre des oliviers productifs a augmenté, dans le seul département d'Alger de 33,000 pour les indigènes et de 44,000 pour les européens ; de 1900 à 1901 le nombre des oliviers plantés ou greffés a été, dans le même département, de 174,000. En même temps les procédés de fabrication s'amélioraient sensiblement.

L'importation en France des huiles d'olive d'Algérie a suivi, pendant la même période, une progression encore plus remarquable : elle s'est, en effet, élevée de 1,345,440 kgs en 1898, à 3,024,276 kgs en 1900 et à 6,641,384 kgs en 1901.

L'Administration algérienne fait tous ses efforts pour activer et pour faciliter l'extension de ce mouvement :

Elle distribue des primes aux agriculteurs qui font des plantations d'oliviers, ou qui greffent des sauvageons ;

Elle accorde des subventions aux pépinières communales pour la reproduction des meilleures variétés d'oliviers ;

Elle fait greffer les sauvageons dans les forêts de l'État, et contribue au greffage des oliviers existant dans les terrains communaux indigènes ;

Elle s'applique enfin, autant qu'il est en son pouvoir, à améliorer les procédés de fabrication en usage chez les indigènes à qui elle recommande et facilite l'usage d'appareils perfectionnés qui leur permettent d'obtenir des rendements plus avantageux et des produits de meilleure qualité.

Nota. — On trouvera dans la notice ci-jointe des renseignements détaillés sur la culture de l'olivier, la fabrication et le commerce des huiles en Algérie.

Figuier. — De même que la culture de l'olivier, mais plus récemment et dans des proportions encore plus remarquables, la culture du figuier est en voie de développement en Algérie.

Dans la Kabylie notamment, cette culture d'un rendement plus rapide que l'olivier et, ces dernières années, d'un rendement très avantageux, est pour ainsi dire en voie de remplacer, chez les indigènes, celle des céréales.

En dehors de la consommation locale qui atteint un chiffre considérable, les producteurs de figues trouvent à l'étranger des débouchés importants.

Voici, d'après la statistique des Douanes, le chiffre des exportations de figues en 1901 :

Port d'Alger	3.377.431 kgs.
— d'Oran	224.406 —
— de Philippeville et Bougie	5.166.260 —
— de Bône	15.139 —
Soit au total	8.783.236 kgs.
auxquels il convient d'ajouter pour la distillation.	564.984 —

On a commencé récemment à fabriquer sur place le café de figues, dont on fait, en manière de chicorée, une consommation extrêmement importante dans l'Europe centrale.

Orangers, mandariniers et citronniers. — C'est, comme la vigne, une culture riche et coûteuse. Elle s'est trouvée ces derniers temps quelque peu déprimée en Algérie, tant par l'abondance de la production locale que par la concurrence étrangère sur les grands marchés de la métropole.

Des tentatives très intéressantes sont faites présentement pour la relever par la substitution des variétés perfectionnées et des fruits de luxe aux types communs.

Le chiffre total des exportations d'oranges, citrons et mandarines d'Algérie s'est élevé, en 1901, à 5.193.385 kgs.

Primeurs. — Les halles de Paris, ainsi que plusieurs grands marchés de France et de l'étranger sont approvisionnés en primeurs par les jardins maraîchers du Sahel d'Alger, de la région de l'Arba, de la banlieue d'Oran, de St-Denis-du-Sig, de Philippeville et de Bône, par les vergers de Blida, Boufarik, Bougie, Philippeville, Bône, Misserghin et par les vignobles de Guyotville, Staouéli, Zéralda, Kouba, Hussein-Dey, etc.

Dans toute la région du littoral, à proximité des grands ports permettant des expéditions régulières et rapides, la production des primeurs suit une progression particulièrement remarquable.

Ces produits peuvent être rangés en trois catégories principales :

Légumes frais ;
Pommes de terre nouvelles ;
Raisins de table.

1° *Légumes frais.* — Sous cette dénomination, l'Algérie exporte surtout des haricots verts, des petits pois, des artichauts et des tomates.

Le tableau suivant donne les résultats de ce trafic depuis 1899 :

ANNÉES	FRANCE	ÉTRANGER	TOTAL
1899	5.705.378 kgs.	70.644 kgs.	5.776.042 kgs.
1900	6.842.587 —	53.106 —	6.895.693 —
1901	7.117.760 —	11.675 —	7.129.435 —
1902	11.127.214 —	24.205 —	11.151.419 —

Comme l'indiquent ces chiffres, l'exportation des légumes frais a doublé en 4 ans. Cette progression s'est faite sentir dans toute les régions de culture des primeurs, et notamment à l'ouest d'Oran.

2° *Pommes de terre nouvelles.* — Une progression également remarquable s'est manifestée dans la culture et l'expédition des pommes de terre nouvelles.

Elle ressort très nettement des chiffres suivants :

ANNÉES	FRANCE	ÉTRANGER	TOTAL
1899	10.352.633 kgs.	740.576 kgs.	11.093.209 kgs.
1900	11.153.899 —	1.060.907 —	12.214.806 —
1901	13.316.583 —	2.454.421 —	15.771.004 —
1902	13.584.256 —	2.525.396 —	16.109.652 —

Les exportations totales ont donc augmenté de 30 0/0 en quatre années. Les exportations à destination de l'étranger ont plus que triplé.

Le chiffre des exportations de 1902, il est vrai, n'est guère supérieur à celui de 1901, bien que les superficies ensemencés aient été plus étendues.

Mais cette situation, due à une mauvaise récolte, ne paraît pas devoir persister.

Les superficies ensemencées en pommes de terre en vue de la campagne prochaine dépassent, en effet, de 2,500 hectares celles de 1901 ; la récolte se présente sous les meilleurs auspices et il y a lieu d'espérer que la production de 1903 sera tout à fait satisfaisante.

3° *Raisins de table.* — De même que pour les légumes frais et les pommes de terre, et dans une proportion peut-être plus sensible, l'exportation des raisins de table se trouve en progression marquée.

Elle est, en effet, passée de 2,394,702 kilos en 1901 à 3,900,098 kilos en 1902 ; ces chiffres se répartissent de la manière suivante :

	France —	Étranger —
1901.....	2.106.602 kgs.	288.100 kgs.
1902.....	3.389.413 —	519.685 —

D'une année à l'autre, les expéditions en France ont donc augmenté de plus d'un tiers et les expéditions à destination de l'Étranger de plus de deux cinquièmes.

La production des primeurs ne procure pas seulement des ressources aux cultivateurs, à la main-d'œuvre agricole, aux expéditeurs, aux intermédiaires, aux entreprises de transport et aux facteurs. Elle fournit encore des salaires aux femmes, aux jeunes filles, aux enfants employés au triage, au nettoyage, à l'emballage des produits à expédier. Elle alimente enfin l'industrie des emballages et accessoires.

Les raisins, tomates et fruits sont expédiés en caissettes de 1, 3, 5, 10, 20 et 25 kilogrammes. Les caissiers d'Alger fabriquent en moyenne, par an, un million 1/2 de caisses que les expéditeurs achètent à raison de 26 francs les 100 kilogrammes.

Les pommes de terre s'expédient en barils ou en paniers. Le nombre des barils employés annuellement dépasse 20.000. Le transport des légumes exige 50.000 paniers, de fabrication exclusivement algérienne. Enfin l'emploi des accessoires, tels que papiers de garniture, toiles de couvertures, clous, ficelles, étiquettes, marques, etc., donne lieu à un commerce très étendu.

La culture et le commerce des primeurs constituent donc en Algérie un facteur important de richesse, dont on est en droit d'escompter encore le développement.

Bétail. — L'élevage offre en Algérie, notamment aux populations indigènes, des ressources considérables, que des soins plus attentifs, l'amélioration des races locales, l'aménagement de pâturages et de points d'eau pourront encore notablement augmenter.

L'espèce ovine entre pour la part la plus importante dans la composition du cheptel algérien.

Dans les dix dernières années, la moyenne du troupeau ovin a dépassé 8 millions de têtes représentant une valeur totale de 150 millions.

Le tableau suivant démontre que l'exportation des moutons a suivi depuis 1870, une progression à peu près constante :

ANNÉES	NOMBRE DE MOUTONS EXPORTÉS
1870	242.096
1875	372.301
1880	470.310
1885	665.381
1890	975.902
1895	1.170.271
1900	922.537
1901	1.178.833
1902	1.346.966

C'est la Métropole où l'élevage du mouton est en régression, qui est la principale place de consommation de ces fortes exportations.

Quant à l'espèce bovine, elle compte environ 1.200.000 têtes représentant une valeur totale d'une soixantaine de millions.

Forêts. — L'Algérie compte environ 3 millions d'hectares de forêts en grande partie domaniales. La bonne moitié ne paraît pas devoir prendre d'ici longtemps une valeur commerciale appréciable. Sa conservation répond au besoin impérieux d'assurer la fixation du sol, le maintien de l'humidité et la régularisation du climat.

Sur le restant, la partie véritablement riche est représentée par 400.000 hectares de chênes-lièges appartenant pour les deux tiers à l'État et pour le troisième à des particuliers.

Ces massifs de chênes-lièges dont la mise en valeur a été assez lente rapporte dès aujourd'hui environ 170.000

quintaux de chêne-liège formant plus du sixième de la production mondiale.

Les emplois du liège sont très variés, la demande va en croissant; comme l'aire de production, limitée au bassin méditerranéen, est assez étroite, et que les boisements existant à l'étranger, ne paraissent pas en voie d'accroissement, les forêts de chêne-liège d'Algérie constituent pour la colonie un actif important, susceptible de plus-value considérable.

On peut se rendre compte, de la progression du rendement des forêts de l'État, de la rapidité de leur mise en valeur:

La première récolte sérieuse de liège date de 1890, où 1,263 quintaux furent vendus 35,000 francs. En 1901, les ventes ont porté sur 58,000 quintaux et 1,950,000 francs.

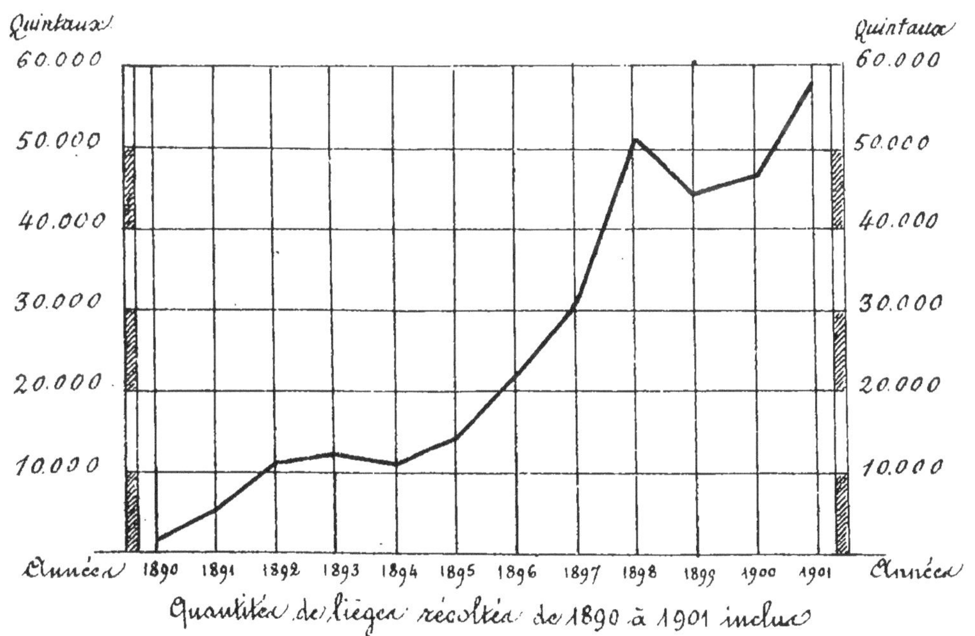

Quantités de liège récoltées de 1890 à 1901 inclus

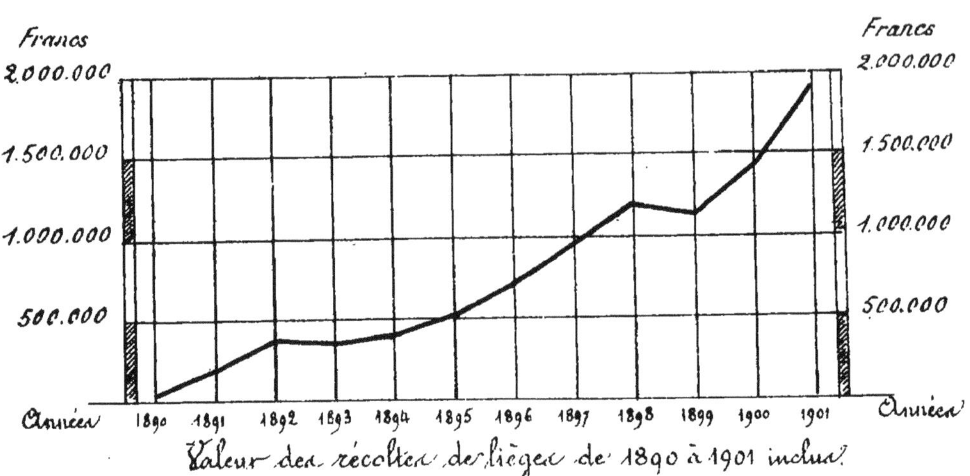

Valeur des récoltes de lièges de 1890 à 1901 inclus.

Dans trois ou quatre ans, le travail de démasclage sera terminé dans toutes les forêts domaniales, et par conséquent dans une douzaine d'années, elles seront en plein rendement. Les chiffres actuels seront alors fortement dépassés.

En dehors du liège, les forêts de l'État fournissent plus d'un demi million de bois de feu, de bois d'œuvre (traverses de chemins de fer), d'écorces à tan, etc.

L'exécution du réseau de chemins projeté sur les fonds d'emprunt, aura d'ailleurs pour résultat d'ouvrir des massifs jusqu'ici inexploités, et de donner à leurs produits une valeur marchande parfois importante.

Algérie industrielle

L'industrie algérienne est encore dans un état peu avancé. Cela tient en partie à ce que l'Algérie est à peu près privée des cours d'eau réguliers qui fournissent à la grande industrie les moyens de transport les plus économiques, et parfois de la force motrice, et qu'en outre la houille doit être demandée à l'importation, et se trouve ainsi grevée de frais onéreux. D'autre part, toute industrie créée en Algérie entre en concurrence avec des industries similaires existant en France depuis de longues années, munies d'un outillage perfectionné, desservies par un personnel rompu au métier, disposant de capitaux considérables, jouissant d'un grand crédit et de relations étendues.

On conçoit que dans ces conditions, l'industrie algérienne ait eu quelque peine à s'établir et qu'à l'exception d'industries d'extractions et d'entreprises visant exclusivement le marché local, elle soit encore en voie de formation, malgré l'avantage qu'elle tirerait d'une main d'œuvre suffisamment laborieuse et à bon marché.

L'industrie algérienne est avant tout une industrie minière.

L'Algérie renferme de nombreux gisements de phosphates de chaux, de fer, de zinc, de plomb, de cuivre, de mercure, d'antimoine, etc., en exploitation ou susceptibles d'être exploités, enfin des gîtes pétrolifères de découvertes récente.

Phosphates de chaux. — Les gisements de phosphate de chaux d'Algérie sont séparés en deux bandes : la bande nord qui part de Sétif et se prolonge jusque dans le département d'Oran et dont les affleurements les plus riches sont situés entre Tocqueville, Bordj-R'dir et Bordj-bou-Arréridj ; la bande sud, de beaucoup plus importante, qui s'étend de Tébessa jusqu'en Tunisie, à Gafsa et à Kalaat es-Senam, et dont les principaux affleurements sont le

Djebel-Dyr, le Djebel-Kouif, Aïn-Dibba et Aïn-Kissa, dans la commune mixte de Morsott.

L'exploitation des grands gisements de phosphates de chaux d'Algérie, *dont le rendement pourrait alimenter le monde entier*, n'a commencé qu'en 1893. Leur production qui s'était chiffrée, cette année par 5,118 tonnes, s'est successivement élevée à 113,000 tonnes en 1895, 321,000 en 1900.

D'importants travaux de recherches sont en cours d'exécution dans les communes mixtes d'Aïn-Touta, de la Séfia, d'Aïn-M'lila, de la Meskiana, de Khenchela, des Bibans, de Souk-Ahras, de Tébessa, de Canrobert et de Sedrata.

L'épuisement des gisements exploités en Europe, en particulier de ceux de la Somme et du Pas de Calais pour la France, l'éloignement qui grève les phosphates de Floride de frets onéreux, enfin la demande croissante de l'agriculture permettront probablement de mettre peu à peu en valeur ces nouvelles couches dont la brusque exploitation dépasserait vraisemblablement à l'heure présente la capacité du marché.

Gisements miniers. — Le nombre des gîtes miniers concédés en Algérie s'élève à 62 dont 26 font l'objet d'une exploitation normale et continue : 6 dans le département d'Alger, 3 dans le département d'Oran et 17 dans le département de Constantine. D'autre part, 3 minières sont exploitées dans le département d'Oran et une dans le département d'Alger.

Ces diverses exploitations occupent, en moyenne, 6,500 ouvriers, 560 dans le département d'Alger, 1,350 dans le département d'Oran et 4,590 dans le département de Constantine.

A ne considérer *que les plus importantes,* elles ont produit en 1901, 574,590 tonnes de minerais, représentant une valeur totale de 6,230,000 francs et se décomposant de la manière suivante par nature de minerai :

Fer..........	526.000 tonnes :	5.000.000 francs
Zinc et plomb.	39.000 —	1.000.000 —
Cuivre.......	9.500 —	230.000 —

Les principales exploitations sont :

1° Dans le département d'Alger, les mines de zinc et de plomb de l'Ouarsenis (6,000 tonnes) et de Sakamody (10,000 tonnes) ; la minière de fer d'Aïn-Oudrer (3,000 tonnes) ;

2° Dans le département d'Oran, les mines ou minières de fer de Beni-Saf (363,000 tonnes), de Bab M'teurba (38,000 tonnes) et de Dar Rih (27,000 tonnes) ;

3° Dans le département de Constantine, les mines de fer d'Aïn-Mokra (45,000 tonnes), de Bou Hamra (17,000 tonnes) et des Karézas (16,000 tonnes) ; — les mines de zinc et de plomb d'Hammam N'Baïls (15,000 tonnes), de Mesloula (6,000 tonnes) et de Djendeli (4,000 tonnes) ; — les mines de cuivre d'Aïn Barbar (5,000 tonnes) et de Kef oum Theboul (4,000 tonnes).

Des indications qui précèdent se dégage cette double considération que le département de Constantine paraît le plus minéralisé et que le minerai de fer et la calamine constituent, pour le moment, les produits les plus importants de l'industrie minière en Algérie.

L'extinction actuelle ou prochaine de plusieurs des grands gisements étrangers, tels que ceux de Bilbao, donne au minerai de fer de la colonie une importance économique considérable. La découverte de nouvelles mines ou minières d'une grande étendue et d'une bonne teneur donne lieu de penser que l'extraction de ce minerai prendra en Algérie une extension croissante.

Pour la calamine également, d'importants travaux de recherches ont été effectués. Ces travaux, terminés ou en cours d'exécution, ont révélé l'existence de gisements très étendus à Rouached, au Djebel-Youssef, au Djebel-Anini, au Bou-Thaleb, au Djebel-Z'dim, à Hadjar-el-Abiod, etc., dans le département de Constantine.

Les prospections sont d'ailleurs poursuivies dans ce département avec une activité aussi remarquable pour les autres natures de minerais, notamment pour le zinc, le cuivre et le plomb ; le nombre des permis de recherches en vigueur à la fin de l'année 1901, s'élevait à 269, dont 58 ont été délivrés au cours de cette année.

Pétroles. — L'existence du pétrole sur divers points du département d'Oran s'est manifestée depuis longtemps par des suintements importants, dont les points d'émergence principaux sont Aïn-Zeft, dans la commune mixte de Cassaigne, et Tilouanet, dans la commune mixte de l'Hillil.

D'après une enquête faite en 1901 par M. Neuburger, les gisements pétrolifères du département d'Oran sont divisés en deux groupes, subdivisés eux-mêmes en sept lignes parallèles allant du sud-ouest au nord-est :

Groupe du Chéliff :

Ligne de Sidi-Brahim-Renault ;
Ligne Stidia-Aïn-Zeft ;
Ligne de Bel-Hacel.

Groupe des Flitta :

Ligne de Blad-Teytonna ;
Ligne de Medjilla-Zemmora ;
Ligne de Kala-Sidi-Mohammed-ben-Aouda ;
Ligne d'Aïn-Farès-Djebel-Menaouer.

Les premiers travaux de recherches, commencés en 1877 à Aïn-Zeft, n'ont été poussés avec activité qu'à partir de 1895.

Parmi les nombreux sondages exécutés sur ce point, deux ont donné une production assez abondante d'huile minérale : le premier (sondage n° 4), arrêté à 474 mètres de profondeur, a rencontré une nappe pétrolifère dont le débit s'est maintenu à 2 m^3 par jour après 298 heures de pompage ; le second (sondage n° 5) a rencontré l'huile minérale à 82 m. de profondeur et a donné 15.400 litres en 70 heures de pompage.

A la suite de ces essais, le service des mines a évalué à 3.000 litres le débit quotidien du puits n° 4 et à 1.000 litres celui du puits n° 5.

Dernièrement, la société des pétroles du Dahra a repris le pompage du puits n° 4 et, dans ce nouvel essai, a obtenu en 103 heures, 66.892 litres, soit 646 litres à l'heure.

Les essais ont été également repris au puits n° 5.

D'importantes installations ont déjà été effectuées pour le traitement des produits de ces recherches, qui ont été d'ailleurs admis avec succès dans plusieurs adjudications publiques.

Industries diverses. — On trouve en Algérie, toutes les industries du bâtiment, telles que tuileries et briquetteries, des usines pour le traitement des plâtres et des chaux, et de nombreuses usines pour la transformation de matières premières agricoles ou animales : huileries, savonneries, distilleries, tanneries, ateliers de salaisons, etc.

A côté de ces établissements, fonctionnent certaines industries particulières à l'Algérie, parmi lesquelles on citera :

1° *Les fabriques de crin végétal.* — Le crin végétal est fabriqué à l'aide de peigneuses, avec les feuilles du palmier nain qui croît naturellement en quantités considérables sur toute l'étendue du territoire de la colonie.

La production du crin végétal qui s'était élevée à 280.000 quintaux en 1899, dépassera vraisemblablement 330.000 quintaux en 1903. La valeur moyenne de ce produit est de 9 francs dans le département d'Oran et de 10 francs dans les départements d'Alger et de Constantine. Les usines se sont particulièrement développées dans le département d'Oran qui en compte 53, occupant 1850 ouvriers et dans le département d'Alger où 39 usines emploient près de 1.000 ouvriers.

La population indigène retire de cette industrie des bénéfices importants : la cueillette du palmier nain est faite en grande partie par les femmes et par les enfants et leur rapporte en moyenne 1 million de francs. Les ouvriers indigènes employés dans les usines, au nombre de 1.400 environ, touchent chaque année des salaires dont le total atteint 1.200.000 francs.

Le crin végétal, par son prix avantageux et par ses qualités de souplesse et de bonne conservation, tend de plus en plus à remplacer le crin animal. Les tapissiers et les bourreliers en font un usage constant, mais son emploi s'est surtout répandu à l'étranger : l'Allemagne, l'Autriche et l'Italie en consomment de grandes quantités et l'utilisent notamment pour la fabrication des matelas de troupe.

2o *Les usines pour le traitement de l'aloès*, dont les fibres décortiquées fourniront un aliment abondant et utile à l'industrie textile ;

3o *Les fabriques de café de figues.* — Cette industrie, qui existait déjà dans plusieurs pays étrangers, tels que l'Autriche, l'Allemagne et l'Italie du nord, a été implantée depuis peu en Algérie ; elle permet de produire, dans le pays même, une denrée saine et économique qui peut être considérée, au même titre et mieux encore que la chicorée, comme un adjuvant du café, et dont la fabrication était faite jusqu'ici exclusivement à l'étranger à l'aide de matières premières algériennes.

Algérie mmerciale

Mouvement général du commerce de l'Algérie avec la France et les pays étrangers. — Le commerce général de l'Algérie avec la France, les colonies françaises et les pays étrangers (importations et exportations réunies) s'est élevé, pendant l'année 1901, à la somme totale de 602.344.000 francs, dont 331.381.000 francs à l'entrée et 270.963.000 francs à la sortie.

La progression qui se maintient d'une manière constante dans l'essor du commerce de la Colonie, s'est donc encore accrue, pour cette année, dans la proportion particulièrement sensible que font ressortir les chiffres et le graphique ci-après :

1880	427.305.000
1890	513.495.000
1900	566.135.000
1901	602.344.000

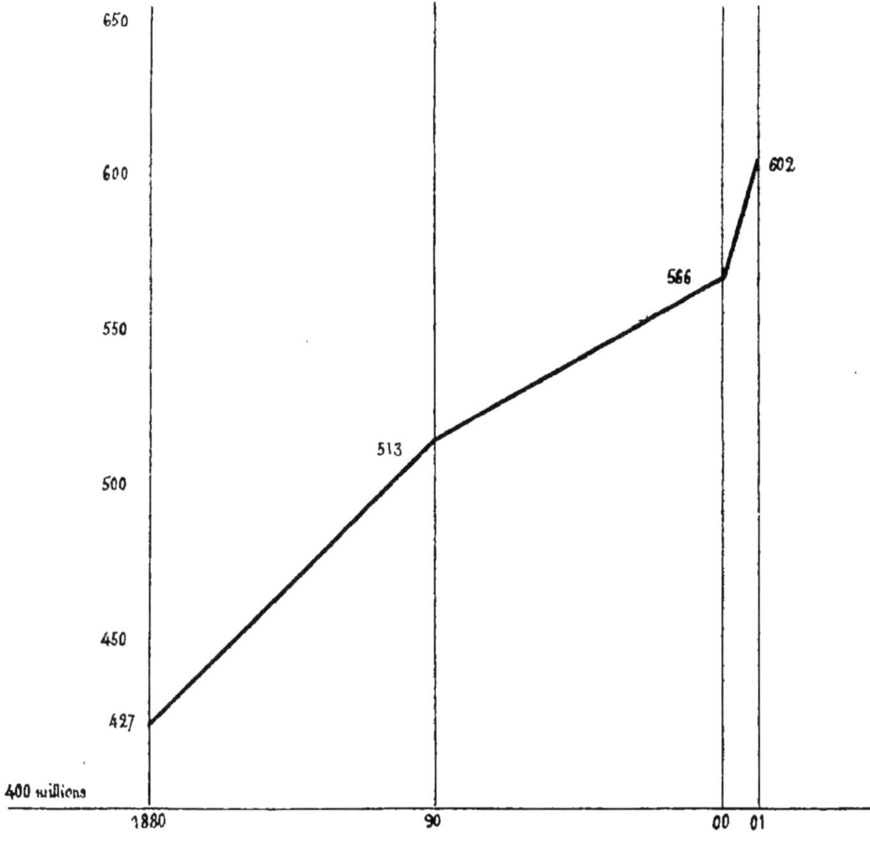

Comme on le voit, la différence entre les chiffres de 1900 et ceux de 1901 se traduit en faveur de cette dernière année, par une augmentation de 36,209,000 francs dont 33,639,000 pour les échanges entre la France et l'Algérie et 2,570,000 pour les échanges entre l'Algérie et les pays étrangers.

Cette augmentation est d'autant plus remarquable qu'elle s'applique à une période pendant laquelle la production algérienne tout entière — et notamment la production viticole — a subi une crise assez grave.

Importations. — Les importations se sont élevées à la somme totale de 331.381.000 francs. Dans ce chiffre, figurent, par ordre d'importance :

Les tissus	57	millions
Les peaux et pelleteries ouvrées	19	—
Les ouvrages en métaux	18	—
Les bois, meubles et ouvrages en bois	18	—
Les animaux vivants	16	—
Les denrées coloniales	16	—
Les marbres, pierres et combustibles minéraux	14	—
Les métaux	8	—
Les farineux alimentaires	8	—
Les boissons	8	—
Le papier et ses applications	5	—
Les huiles et sucs végétaux	5	—

Les pays qui ont pris la plus grande part aux importations en Algérie sont :

La France	255	millions
Le Maroc	16	—
L'Angleterre	7	—
L'Espagne	6	—
La Tunisie	6	—

etc.

Exportations. — Le chiffre total des exportations a été de 270.963.000 francs, dans lesquels se rangent par ordre d'importance :

Les farineux alimentaires	77	millions
Les vins et boissons	59	—
Les animaux vivants	34	—
Les produits et dépouilles d'animaux	18	—
Les marbres et pierres	12	—
Les métaux	9	—
Les bois	8	—
Les fruits et graines	6	—
Les huiles et sucs végétaux	5	—

Les pays de destination de ces divers produits sont :

La France	211.000.000 fr.
L'Angleterre	15.000.000
La Belgique	6.000.000
L'Allemagne	4.500.000
L'Italie	3.800.000
La Tunisie	3.600.000

Il ressort des chiffres détaillés du mouvement général des échanges commerciaux de l'Algérie, que la France a eu, en 1901, dans la valeur totale de ces échanges, une part proportionnelle de 77 0/0 à l'importation et de 78 0/0 à l'exportation.

A. *Navigation extérieure.* — Les relations de l'Algérie avec la France, les Colonies françaises et les pays étrangers, ont donné lieu, en 1901, à un mouvement de navi- **Navigation**

gation qui s'est chiffré par 6,668 navires et 4,846,663 tonneaux.

Ces chiffres se décomposent de la manière suivante :

1° Navires français :

A. — Entrées........	2.309	navires	1.698.040	ton.
— Sorties........	2.367	—	1.767.722	—
	4.676	—	3.465.762	—

B. — Relations avec la France et les Colonies françaises...	4.054	navires	3.115.627	ton.
— Relations avec l'Étranger...	622	—	350.135	—
	4.676	—	3.465.762	—

2° Navires étrangers :

A. — Entrées.......	855	navires	557.237	ton.
— Sorties........	1.137	—	823.664	—
	1.992	—	1.388.901	—

B. — Relations avec la France et les Colonies françaises...	96	—	30.824	—
— Relations avec l'Étranger...	1.896	—	1.350.077	—
	1.992	—	1.380.901	—

D'après les résultats de l'année 1900, le nombre total des navires en provenance ou à destination de l'Algérie, avait été de 6,186 et leur tonnage, de 4,405,671 tonneaux.

La comparaison de ces chiffres avec ceux de l'année 1903, fait donc ressortir, en faveur de cette dernière une augmentation de 482 navires et 449,992 tonneaux.

Les principaux ports d'Algérie par lesquels s'est effectué ce trafic, sont par ordre d'importance :

Alger......	avec	2.235	navires et	1.778.525	tonnaux
Oran.........	—	1.886	—	1.309.168	—
Bône	—	1.025	—	713.256	—
Philippeville..	—	600	—	404.892	—
Bougie.......	—	192	—	129.945	—

B. *Navigation côtière*. — Les marchandises et produits de toute nature expédiés d'un port à l'autre de l'Algérie pendant l'année 1901, ont atteint comme poids de cargaison 215,793 tonnes contre 213,460 en 1900.

Les principales marchandises transportées par cabotage sont les grains et farines, les matériaux de construction, les vins, les bois, les fûts vides, le sel marin et le sel gemme, les fruits, les tissus.

Le mouvement du cabotage, par navires à voiles et à vapeur, pendant l'année 1901, a donné lieu à 13,506 voyages effectués représentant un jaugeage de 2,748,674 tonneaux.

En 1900, les voyages effectués avaient été de 15,728 pour une jauge de 2,816,628 tonneaux, ce qui fait ressortir, pour 1901, une diminution de 2,222 voyages et de 67,954 tonneaux.

C. *Relâcheurs*. — On sait les efforts accomplis par le haut commerce d'Alger pour faire de ce port le principal centre de ravitaillement des navires relâcheurs dans la Méditerranée.

Ces efforts ont donné les résultats les plus satisfaisants : le commerce du charbon à Alger a, en effet, suivi une progression constante de 1884 à 1898, période pendant laquelle le trafic similaire de Gibraltar a été égalé (1896 : 261,000 t.) puis dépassé (1897 : 312,000 t. pour Alger, 283,000 t. pour Gibraltar).

Le port de Gibraltar, il est vrai, a repris un léger avantage en 1899 et 1900, mais cet avantage dû au passage accidentel de nombreux transports de guerre anglais ou américains, ne s'est pas maintenu. Gibraltar n'a en effet, livré en 1901 aux navires relâcheurs que 218,782 tonnes de charbon, contre 303,547 en 1900 et 562,000 en 1889.

Le nombre des navires venus en relâche à Alger en 1901 ne s'est toutefois élevé qu'à 953, représentant une capacité de jauge de 1,684,679 tonneaux, contre 1,259 navires et 2,132,957 tonneaux en 1900.

Cette importante diminution de trafic n'a heureusement pas persisté : le nombre des navires qui ont relâché à Alger pendant le 1er semestre 1902 et les vingt premiers jours de juillet seulement, est en effet remonté à 664, en augmentation de 166 sur la période correspondante de l'année 1901. Ces navires ont embarqué 152,836 tonnes de charbon, en augmentation de 34,228 tonnes sur les chiffres de 1901.

Ces résultats ne pourront d'ailleurs que s'accentuer dans l'avenir, tant à raison des facilités accordées aux navires relâcheurs : suppression des droits sanitaires, limitation des droits de quai au nombre des passagers effectivement embarqués ou débarqués, etc., qu'à raison de l'agrandissement du port et de la construction de nouveaux bassins spécialement aménagés pour une exécution rapide et commode des opérations maritimes.

Dans les 953 navires relâcheurs qui ont touché Alger en 1901, le pavillon anglais occupe le premier rang avec 558 navires et 1.017.738 tonneaux; viennent ensuite le pavillon allemand avec 141 navires et 302.747 tonneaux, puis les pavillons italien, norwégien, grec et danois.

NOTA. — On trouvera, dans les 3 notices ci-jointes, des renseignements détaillés sur l'étendue, les aménagements, l'outillage et les relations des principaux ports d'Algérie, ainsi que sur le mouvement du commerce et de la navigation dans chacun de ces ports.

ALGER. — TYPOGRAPHIE ADOLPHE JOURDAN

www.ingramcontent.com/pod-product-compliance
Ingram Content Group UK Ltd.
Pitfield, Milton Keynes, MK11 3LW, UK
UKHW021038220726
13924UKWH00001B/389

9 782019 923174